# L'EMPEREUR

# LA POLOGNE

ET

## L'EUROPE

PARIS.

IMPRIMERIE DE L. TINTERLIN ET C⁶

3, RUE NEUVE-DES-BONS-ENFANTS.

# L'EMPEREUR

# LA POLOGNE

ET

# L'EUROPE

PARIS

E. DENTU, LIBRAIRE-ÉDITEUR

PALAIS-ROYAL, 17 ET 19, GALERIE D'ORLÉANS

—

1863

# L'EMPEREUR

# LA POLOGNE

## ET L'EUROPE

---

Les âmes généreuses sont profondément émues des événements de Pologne. Les mêmes sympathies se sont produites dans toutes les parties de l'Europe civilisée. Nul doute que si Sa Majesté l'Empereur eût consulté la seule impulsion de son cœur, un mot décisif n'eût été depuis long-temps prononcé.

Mais c'est surtout dans les affaires d'État que le cœur doit être réglé par la raison. Il n'y a de politique bonne et vraie que celle qui se résout dans l'accomplissement du devoir. Néanmoins, le choix du moment est d'une suprême importance et les moyens doivent toujours être exactement proportionnés au but.

« Le trône de Pologne se rétablira-t-il, et cette grande nation reprendra-t-elle son existence et son indépendance? Du fond du tombeau renaîtra-t-elle à la vie? Dieu seul, qui tient dans ses mains les combinaisons de tous les événements, est l'arbitre de ce grand problème politique... »

Le problème est encore ce qu'il était lorsque, le 1er décembre 1806, Napoléon dictait ces mémorables paroles du trente-sixième bulletin de la Grande-Armée.

Napoléon 1er, qui fut si grand par son génie, se laissa quelquefois trop aller à l'impétuosité de son âme. Lui, de qui la stratégie militaire ne fut jamais en défaut, vit souvent les difficultés augmenter sous ses pas par suite de légères imperfections de sa stratégie diplomatique.

Poursuivons donc la solution de la question polonaise sans impatience comme sans faiblesse.

La France a dit l'intérêt qu'elle prend au sort de la Pologne. Le gouvernement de l'Empereur ne témoigne jamais en vain ses sympathies à une grande cause. Les affaires de Pologne peuvent-elles se terminer pacifiquement, c'est mieux. Mais pourra-t-on éviter la guerre?

I

Il n'y a point, dans l'ordre politique, de question plus vaste que celle de la Pologne. Amis ou ennemis, chacun pressent qu'un trouble prodigieux peut en résulter. Si la suppression de cette nation au dernier siècle changea l'axe du monde politique, son rétablissement aujourd'hui affecterait l'existence de presque tous les États européens.

La grandeur des entreprises n'est pas un motif de ne pas les tenter, pourvu qu'elles soient justes et nécessaires ; mais il faut se garder d'illusions et l'on se doit à soi-même de ne rien précipiter quand on n'est pas homme à reculer.

Quels sont donc, en France, les partis qui aient le droit de reprocher au gouvernement de l'Empereur qu'il ne va pas assez vite au secours de la Pologne. Seraient-ce les légitimistes, dont le gouvernement parapha les traités de 1815 et était en voie d'alliance intime avec la cour de Saint-Pétersbourg à la veille de sa chute de Juillet ? Seraient-ce les Orléanistes, de qui l'abandon fut d'autant plus cruel pour les Polonais que les promesses avaient été plus répétées ? Seraient-ce les Républicains qui, après 1848, comme en 1794, méritèrent que les Polonais disent d'eux : Ils font de beaux programmes, et ils agissent comme ceux qu'ils ont renversés ?

Louis XV, Louis-Philippe, Robespierre et M. de Lamartine ont suivi une même politique envers la Pologne.

L'Empereur Napoléon I<sup>er</sup> seul a aidé les Polonais. Il regretta de n'avoir pas fait davantage. Et l'on ne devrait pas oublier que plutôt que de consentir à déclarer que la Pologne ne serait jamais rétablie comme nation, il éloigna de lui l'Empereur Alexandre I<sup>er</sup>, compromit le territoire du Grand-Peuple et perdit la couronne.

Si S. M. l'Empereur Napoléon III s'est soigneusement abstenu de toute politique téméraire, il n'a donné à personne le droit de penser et encore moins de dire qu'il ne fera rien pour la Pologne.

Il fera quelque chose, c'est certain, mais à son heure et à sa manière. Il fera plus ou il fera moins, selon la conduite que tiendront les Russes et les Polonais.

La Pologne, par l'effet d'une fatalité inouïe, ayant été partagée entre trois grandes puissances, risque chaque fois qu'elle s'agite de produire la coalition contre elle et contre ceux qui songeraient à la défendre. Pour vaincre une telle coalition, il serait nécessaire de se fortifier franchement de la Révolution. Mais l'Empereur Napoléon a donné trop de gages à la cause de l'ordre pour qu'on ait pu attendre de lui qu'il relevât de cette façon la nation Polonaise, si chère fût-elle à ses sentiments personnels.

Il est une méthode d'idéologie politique qui consiste à poser les questions de manière à avoir sur les bras tous ses ennemis à la fois.

Or, ceux-là seuls qui n'ont aucune responsabilité du pouvoir ou qui, s'ils l'avaient, ne s'effraieraient pas d'un embrasement général, peuvent n'être point sobres de théories radicales.

On doit comprendre que l'Empereur ait eu à cœur d'empêcher le renouvellement d'une Sainte-Alliance, d'entraîner les uns, de neutraliser les autres, et que, en vue d'un noble but, il se soit efforcé de faire un seul faisceau de toutes les forces politiques existantes plus ou moins intéressées au progrès. Cela n'est possible que par une politique empreinte de modération et qui n'exclut point les concessions.

Une politique d'isolement n'est point la sienne. Il a inauguré une politique ferme et conciliante, dont il ne s'est pas mal trouvé en 1854 et en 1859.

## II

Le gouvernement de l'Empereur est en droit de rappeler à la cour de Russie, qu'il a toujours gardé envers elle de grands ménagements. Ce n'est qu'avec la plus vive répugnance et à la dernière extrémité, que S. M. l'Empereur Napoléon III se résolut à la guerre contre S. M. l'Empereur Nicolas. Quand les hostilités commencèrent, les négociations duraient depuis plus d'une année, du 15 janvier 1853 au 16 février 1854. Il était impossible d'y mettre plus de modération, de prudence et d'esprit de concorde. Et même dans la lettre par laquelle notre Empereur fit un direct et suprême appel à l'Empereur de toutes les Russies, il ne négligea rien de ce qui pouvait prévenir un conflit :

« Votre Majesté, disait-il, a donné tant de preuves de sa sollicitude pour le repos de l'Europe, elle y a contribué si puissamment par son influence bienfaisante contre l'esprit de désordre, que je ne saurais douter de sa résolution dans l'alternative qui se présente à son choix... Que Votre Majesté ne pense pas que la moindre animosité puisse entrer dans mon cœur ; il n'éprouve d'autres sentiments que ceux exprimés par Votre Majesté elle-même, dans sa lettre du 17 janvier 1853, lorsqu'Elle m'écrivait : « Nos rela-« tions doivent être sincèrement amicales, reposer « sur les mêmes intentions : maintien de l'ordre, « amour de la paix, respect aux traités et bienveil-« lance réciproque. »

Si la France eût voulu utiliser le zèle des Polonais, il eût été facile, on en conviendra, de créer de sérieux embarras sur les derrières de l'armée russe, peut-être même d'entrer plus tôt à Sébastopol, et à coup sûr d'affaiblir tout autrement la Russie. Au lieu de cette politique qui certes n'eût pas nui à sa popularité, et à laquelle il fut, on le sait, sollicité, mais qu'il repoussa constamment, l'Empereur Napoléon en adopta une qui, en localisant la lutte, devait avoir pour résultat de ne faire à la Russie que le moins de mal possible, assez seulement pour l'amener à la paix, désireux qu'il était de refaire alliance avec elle, dès que la cause du dissentiment d'alors aurait été écartée.

Durant la guerre, l'Empereur Napoléon, sans cacher sa sympathie aux Polonais, leur manifesta qu'il n'avait pas l'intention de changer pour eux sa base d'opération.

Au Congrès de Paris, M. le plénipotentiaire de France ne fut pas le moins condescendant envers la

Russie. L'Empereur avait donné pour instructions de se borner aux garanties strictement indispensables contre le retour des agressions qui avaient motivé les hostilités, et d'éviter ce qui pourrait ressembler à une humiliation. La question polonaise, qu'il coûta au plénipotentiaire français de ne point mettre sur le tapis, fut réservée à l'initiative de S. M. Alexandre II. Et malgré les attaques dont notre gouvernement fut l'objet, rien ne transpira qui pût à cette occasion diminuer l'autorité morale de l'Empereur de Russie. Le même silence fut observé même après certaines paroles regrettables à l'endroit de la France, prononcées à Varsovie devant la noblesse polonaise, par S. M. le Tzar.

Trois années de paix s'écoulèrent. Lors de la guerre d'Italie, le gouvernement russe apporta une réserve dont on lui sut gré ; mais l'entrevue de Varsovie, à la fin de 1860, a-t-elle été étrangère au réveil de la Pologne? Cette démonstration paraissait dirigée contre la politique nationale que patronne l'Empereur Napoléon et qui se développait en Occident. Les explications échangées dissipèrent heureusement les craintes que l'on avait conçues.

Bientôt eurent lieu les manifestations de Varsovie. Le caractère si singulièrement pieux qu'elles avaient à l'origine fit une grande impression, et les répressions qui s'ensuivirent retentirent dans tous les cœurs français. Pourtant le gouvernement de l'Empereur fit insérer au *Moniteur* cette note du 27 avril 1861, qui, après avoir rappelé les sentiments de sympathie traditionnelle que la Pologne a toujours éveillés dans l'occi-

dent de l'Europe, ajoutait que ces témoignages d'intérêt serviraient mal la cause à laquelle ils s'adressent,
s'ils avaient pour effet d'égarer l'opinion publique en
laissant supposer que le gouvernement de l'Empereur
encourage des espérances qu'il ne pourrait satisfaire,
et finissait en disant qu'il fallait faire des vœux pour
que l'Empereur Alexandre ne fût pas empêché par des
manifestations de nature à mettre la dignité et les intérêts politiques de l'Empire russe en antagonisme avec
les dispositions de son souverain.

Le cabinet de Saint-Pétersbourg ne cacha pas que
cette déclaration de la France lui rendait un éminent
service.

L'année dernière, lorsqu'il s'est agi de la reconnaissance du royaume d'Italie, n'est-ce pas le gouvernement français qui inclina le cabinet de Turin à sacrifier
l'École polonaise de Gênes, que le gouvernement
russe considérait comme une pépinière d'officiers d'insurgés?

Quelques mois plus tard, quand des conspirateurs
polonais furent signalés à Paris, le gouvernement de
l'Empereur ne les a-t-il pas fait arrêter? L'insurrection
éclata trois semaines après, et les chefs du mouvement se plaignirent qu'on eût par là entravé leurs
plans et retardé l'arrivée des armes. Où donc le gouvernement russe verrait-il la trace d'excitations de la
France contre lui?

Tous les conseils qui ont pu être donnés au cabinet
de Saint-Pétersbourg l'ont été pour que la mesure des
réformes ne fût point parcimonieuse, mais appropriée

à l'intensité du mal. Et les avis n'ont pas été épargnés aux Polonais pour qu'ils eussent à contenir leurs aspirations, à rester sur un terrain pratique. Est-ce la faute du gouvernement français si l'explosion a eu lieu ?

Et depuis, Sa Majesté l'Empereur a su résister aux élans de son peuple. Sa politique a été expliquée par son ministre-orateur, seul organe du gouvernement devant les Chambres. Par deux fois, M. Billault a dit, on se le rappelle, avec l'approbation de l'Empereur, quelle ligne prudente Sa Majesté entendait suivre.

Répudiant une politique aventureuse, révolutionnaire, ardente, énergique, excessive, agressive presque contre tout le monde, que l'on conseillait, il en opposait une autre, sage, mesurée, ferme, voulant d'abord réunir, s'il est possible, toutes les chances pour résoudre pacifiquement, par le poids de légitimes influences, une difficulté qui intéresse tout le monde.

Le gouvernement de l'Empereur n'est pas plus responsable des articles des journaux français que la Russie ne l'est des siens. Il l'est moins encore. Et il ne s'est pas préoccupé des allures belliqueuses de tel ou tel journal de Pétersbourg.

La presse française, au lieu de pousser l'opinion, est plutôt restée au-dessous. Il faut, en tout pays, compter avec la susceptibilité du sentiment public. La France s'est montrée très-modérée ; elle n'eût pu l'être davantage sans paraître complice des actes les plus déplorables.

Loin donc que le cabinet de Saint-Pétersbourg ait

le moindre reproche à adresser au cabinet des Tuileries, celui-ci pouvait se croire autorisé à penser que plus il avait témoigné de bon vouloir, en maintes circonstances, vis-à-vis de la Russie, plus il en avait acquis le droit de présenter ses observations et de les voir écoutées.

### III

Les Polonais ont espéré et ils espèrent l'appui de la France. Ce n'est point toutefois par suite d'aucun engagement ni d'aucune promesse du gouvernement impérial. Nulle parole n'a été dite qui pût leur donner une semblable assurance ; ils ont eu, au contraire, à en entendre beaucoup de nature à diminuer leur confiance. Le peuple polonais n'en a pas moins persisté à compter sur la vieille amitié de notre nation, sur la force d'une tradition qui a résisté aux plus rudes épreuves.

Si le gouvernement français n'a rien fait pour en-

courager les Polonais, il ne pouvait se joindre à ceux
de qui viennent leurs souffrances.

Mais il a le droit de dire aux Polonais : « Votre
question, ce n'est pas moi qui l'ai suscitée ; votre insurrection, ce n'est pas moi qui l'ai conseillée. Vous
ne vous êtes point inquiétés de savoir si cela déran-
geait ou non mes plans. Je sais à quoi engage le devoir
international. Mais encore faut-il être en mesure de
faire ce qu'on voudrait. Votre question n'est pas une
simple question nationale, c'est une question euro-
péenne. Elle est des plus compliquées et des plus dif-
ficiles. Il peut être cruel de vous dire : Ayez de la
patience. Mais que voudriez-vous que je fisse pratique-
ment pour vous ? »

Il n'est pas de la dignité d'un grand gouvernement
d'aider dans le secret ceux qu'il n'avouerait pas au
grand jour. Reconnaître aux Polonais le caractère de
belligérants, à moins que ce ne fût le prélude d'un appui direct, ne les servirait guère plus que ne l'eût fait
la reconnaissance de la non-intervention en Italie,
comme quelques-uns le demandaient avant la cam-
pagne de 1859. Il est des cas où, malgré le plus ad-
mirable héroïsme, on ne peut se délivrer seul. Or,
celui qu'on invoque est juge des moyens.

La France devait avant tout recourir aux procédés
diplomatiques, épuiser les représentations, les avis et
conseils. Rien ne devait être omis pour prévenir, s'il se
peut, les calamités de la guerre.

On voit à Paris des Polonais qui dissimulent mal
leur mauvaise humeur de ce que le gouvernement de

l'Empereur s'est jusqu'ici tenu dans une réserve aussi absolue. Mais ils devraient considérer que les grandes familles ne se sont point jetées dans le mouvement de leur pays, dès l'origine, et que beaucoup encore demeurent à l'écart. S'ils ont cru devoir conserver une telle circonspection, comment peuvent-ils oser s'étonner de celle que de puissants motifs commandaient à Sa Majesté?

On entend dire que la France devrait s'imposer tous les sacrifices. Notre nation est généreuse ; mais avant de demander des sacrifices étrangers, les premiers des Polonais ont-ils fait tous ceux qu'ils pouvaient faire ?

A voir des populations presque sans armes se lever et lutter contre toutes les forces d'un colossal empire, l'Europe a pu constater que l'antique valeur polonaise n'était pas éteinte ; mais l'Europe se demande si, durant leurs longs malheurs, les Polonais ont désappris les mœurs anarchiques qui les ont perdus, et si, en retour, ils ont acquis cet esprit d'union et de concorde qui est si nécessaire, en un mot, s'ils seraient capables de constituer une nation forte et sage qui fût un élément de paix durable.

A l'unanimité des manifestations qui avaient un indéniable caractère national, succédèrent un instant des agitations qui s'inspiraient à une source révolutionnaire et sectaire ; mais il est juste de constater que le mouvement se dégagea rapidement de ces influences et présenta une persistance et une mesure telles que les grands gouvernements ne pouvaient lui refuser la plus sérieuse attention.

## IV

Les représentants de la cour de Russie disaient d'abord : C'est une émeute de sujets rebelles; en huit jours ce sera fini.

Les semaines et les mois se sont passés : ce que l'on appelait une émeute est devenue une insurrection. Le mal s'est aggravé.

Or, quand il y a dans une maison un feu tout intérieur, on peut dire : laissez-moi l'éteindre seul; mais quand le feu gagne les toits et que la maison flambe, non-seulement les plus proches voisins, mais chacun est intéressé à s'en occuper et à faire disparaître la cause de l'incendie.

Il fallait que le mécontentement fût bien grand pour que le mouvement se soit ainsi généralisé dans toutes les provinces de l'ancienne Pologne, surtout dans celles qui ont été les premières détachées de la commune patrie,

C'est une situation anormale qui ne peut plus durer.

Les actes par lesquels le gouvernement russe essaie de retenir les populations sous ses ordres ne sont pas de notre époque. Nous laissons de côté les exagérations des journaux, nous ne parlons que de ce qui a revêtu un caractère officiel.

Un moment on se plut à espérer que de telles barbaries devaient être uniquement imputées à des excès de zèle d'un général. Mais depuis les observations qui ont été présentées au gouvernement de S. M. Alexandre II et qui n'ont amené aucune modification, force est bien d'en faire remonter la responsabilité jusqu'à lui. Ce qui est profondément pénible.

Le cabinet de Saint-Pétersbourg n'aurait pas dû oublier à quelles extrémités le roi de Naples, Ferdinand II, réduisit les puissances occidentales, lorsque, se refusant à tenir compte des représentations les plus prévoyantes qui lui furent adressées, il n'en persista pas moins dans des procédés que désavoue la civilisation.

Les souverains sont intéressés à ce qu'aucun d'entre eux ne compromette la couronne de tous, en affaiblissant le prestige du pouvoir et le respect de l'autorité par des actes que condamne la conscience universelle.

Est-il besoin d'ajouter que la France, qui va jusque dans les mers de l'Indo-Chine y protéger le catholicisme, ne saurait voir de sang-froid les déportations ou exécutions d'évêques et de prêtres catholiques en Pologne.

Quand on songe aux odieux traitements que les

femmes ont à subir, aux têtes d'insurgés mises à prix, aux pillages, on s'étonne que les notes des trois grandes puissances alliées aient été si calmes. Mais comment n'être pas surpris du ton de la réponse, de cet incompréhensible oubli des situations, au point de rejeter toute faute sur l'Occident !

Autant dire que l'existence et la réputation des médecins est la cause des maladies, et que, s'il n'y avait point de docteurs, on se résignerait à souffrir et à mourir en silence.

Dans le vrai, ce n'est plus ici seulement une question de nationalité, mais, avant tout, une question d'humanité. Il ne serait pas sans danger pour l'Europe entière de laisser s'acclimater certains modes expéditifs de gouvernement, qui sont non de l'Europe, mais de l'Asie.

Et c'est pourquoi tous les États, qu'ils soient ou non fondés sur le principe de nationalité, se devaient à eux-mêmes de protester.

Après les premières luttes de la Russie contre les Turcs, en 1850, la France et l'Angleterre n'étaient d'abord que de simples spectateurs, lorsque l'affaire de Sinope les força à prendre une position plus tranchée. La présence de notre drapeau à l'entrée du Bosphore avait engagé notre honneur.

Nous en pouvons dire à peu près autant aujourd'hui des ordonnances de M. le général Murawieff, après la présentation des notes de l'Autriche, de l'Angleterre et de la France à Pétersbourg. Les puissances se sont senties froissées dans leur dignité de ce que leur parole ait été aussi fortement méconnue.

Il y a urgence que l'on revienne à l'état où l'on était avant ce déploiement de rigueurs, et que le gouvernement russe mette fin à de semblables missions, si l'on veut que les choses suivent leur cours diplomatique.


V


Bien que les notes de la Russie n'aient pas été satisfaisantes, ce n'est pas une raison pour ne pas faire une dernière tentative.

Plus on est dans son bon droit, moins on doit se décourager de le faire reconnaître par autrui. Comment imaginer que les conseillers de S. M. Alexandre II puissent vouloir précipiter leur souverain dans une lutte sous le poids de laquelle succomba son père, feu l'Empereur Nicolas, et ne cherchent pas, au contraire, à réunir tous les efforts pour conjurer une crise déjà si forte, dont tous les intérêts souffrent en Europe.

Si l'on fait remarquer que, loin de songer à adoucir le régime de Vilna, le gouvernement russe est en voie de l'étendre à Varsovie, nous n'y voyons qu'un motif de plus pour insister énergiquement auprès du cabinet de Saint-Pétersbourg.

En présence d'une situation aussi délicate, il y a nécessité pour les puissance de resserrer leur action. Ce que des notes distinctes de fond et de forme n'ont pas obtenu, l'identité des réclamations l'amènerait peut-être.

On doit constater avec satisfaction que l'Angleterre, qui avait noblement dépassé la France dans les demandes adressées à la Russie, ne s'est pas montrée moins blessée de la réponse qui y fut faite ; et que l'Autriche, que l'on conviait à se détacher de l'alliance occidentale pour résoudre la question polonaise à trois, a déjà fait connaître son refus péremptoire.

C'était, de la part de S. E. le Prince Gortschakoff, s'abuser étrangement que de supposer les hommes d'État de l'Autriche assez peu soucieux de l'avenir pour rentrer dans l'orbite russe en désertant le camp occidental.

M. de Rechberg n'ignorait point les projets nourris par certains politiques de l'empire de Russie et caressés par le premier ministre de S. M. le Roi de Prusse, tendant à une coalition contre l'Autriche pour l'expulser de l'Allemagne et la subalterniser définitivement à la Russie.

Qu'est-ce que l'Autriche eût pu gagner à renouer cette Sainte-Alliance, qui, imaginée par la Russie, n'a guère jamais profité qu'à elle seule?

L'Angleterre et la France ont dû considérer comme un outrage pour elles le projet russe de les repousser de la discussion des affaires de Pologne. L'Angleterre n'a jamais admis le point de vue suivant lequel, dès 1831, le cabinet de Saint-Pétersbourg déclarait les affaires polonaises des affaires purement intérieures, auxquelles les puissances étrangères n'avaient nul droit d'immixtion. La France n'en est plus à 1840, à cette époque d'affaissement où l'on pouvait songer à l'exclure du concert européen et à résoudre la question sans elle.

L'attitude de l'Angleterre, au début de la guerre d'Orient, lorsqu'elle rejeta les propositions de partage que lui faisait la Russie, fut justement applaudie. La promptitude avec laquelle M. de Rechberg vient de se prononcer d'une manière analogue, ne mérite pas de moindres éloges.

Le résultat de l'action combinée des trois puissances ne se fera pas attendre. Combien le succès en serait plus certain si la Prusse, ouvrant enfin les yeux sur des complications aussi graves, consentait, quoiqu'au dernier moment, à joindre ses efforts à ceux des autres grandes puissances.

Quand on en est arrivé à ce point, l'unanimité seule peut avoir assez de poids pour maintenir la paix.

## VI

Si le cabinet de Saint-Pétersbourg persiste dans la politique fâcheuse qu'il a cru devoir choisir, les gouvernements qui lui ont fait parvenir un loyal appel, seraient obligés, bien qu'à regret, d'interrompre des rapports pour le moment sans objet.

Une flotte anglo-franco-suédoise pourrait opérer dans la Baltique, en même temps qu'une flotte anglo-franco-italienne paraîtrait dans la mer Noire.

On doit désirer éviter que le théâtre de la guerre soit porté au centre de l'Europe. Les frontières de l'empire de Russie vers l'Ouest devraient être strictement gardées. Et ce serait le rôle naturel de l'Autriche et de la Prusse.

La Prusse qui, dès l'origine de l'insurrection polonaise, assista la Russie de son mieux et même en outrepassant ce qu'autorise le droit des gens, au risque de rendre immédiatement le conflit général, voudra-t-elle entrer dans l'alliance occidentale, en offrant toutes les garanties désirables?

Il faut que la Prusse sorte de la position ambiguë dans laquelle elle s'est placée. Les trois puissances ont besoin de savoir si la Prusse est avec elles ou avec la Russie. Le roi Guillaume, oublieux des enseignements de l'histoire, voudraient-il nous contraindre à un nouvel Iéna pour arriver à un second Friedland? Le libéralisme dont les députés prussiens ont donné des preuves, et le sens pratique qui anime les populations du royaume, permettent d'espérer que de désastreux projets seront mis de côté.

Le peuple allemand saura d'ailleurs sur qui devrait peser la responsabilité d'une guerre continentale qui blesserait forcément ses propres intérêts.

Même alors, l'Allemagne serait ménagée le plus possible, afin qu'elle n'eût point à souffrir tout entière de l'aveuglement de quelques-uns. On se bornerait à lui emprunter le passage pour atteindre la Russie par la Prusse.

Car la France ni son gouvernement ne nourrit aucun sentiment de malveillance ni aucun projet contre l'Allemagne : nous savons ce qu'il y a d'éminemment bon dans le caractère allemand, et ce que ce grand peuple, qui souffre de ses divisions, recèle de force et de puissance. Et, loin de lui vouloir nuire, nous formons des vœux pour lui, pour son avenir et sa prospérité.

## VII

« On se demandera un jour pourquoi, dans les six dernières années de son règne, Napoléon s'est montré sans pitié pour la Prusse ; c'est que la Prusse aura été la puissance qui lui aura fait le plus de mal en le forçant à la combattre, à la détruire, elle qu'il eût voulu étendre, fortifier, agrandir..... »

Ces reflexions, que l'Empereur Napoléon III insérait, il y a déjà de longues années, dans ses études de politique étrangère, peuvent aujourd'hui être méditées avec fruit par l'homme d'État.

La Prusse tient peut-être en ce moment dans ses mains la paix ou la guerre. Puisse-t-elle, par une attitude nouvelle, déconcerter ceux qui ont prédit qu'elle marchait à une catastrophe. Une généreuse inspiration grandirait vite un État qui, depuis près de cinquante ans, est, malheureusement pour lui, resté trop en dehors des événements et comme dans l'inaction.

La France a eu assez de gloire pour ne pas être possédée du désir immodéré d'en acquérir de nouvelle; elle a assez de puissance pour ne pas voir avec déplaisir les approches de la guerre, assurée que ce sera une occasion de triomphes.

La parole de la France est engagée à ce que des améliorations sérieuses soient apportées au sort des Polonais. Le cabinet de S. M. Britannique a formulé avec une haute raison pratique, que la première condition d'un bon gouvernement est que la confiance règne entre les gouvernés et les gouvernants. Et il a signalé que si l'on voulait établir un ordre de choses quelque peu stable, il était nécessaire que l'organisation nouvelle embrassât toutes les provinces polonaises, c'est-à-dire tout le pays que les divers partages ont enlevé à la Pologne pour le soumettre à l'Empire de Russie. Nous sommes heureux de nous trouver en parfaite conformité de vue avec notre ancienne et brave alliée de Crimée.

Le gouvernement de l'Empereur Napoléon a fait connaître, dès la première heure, qu'il fallait renoncer aux combinaisons dont l'épreuve avait eu lieu et s'appliquer à faire disparaître la source du mal.

L'empereur Alexandre II ne doit pas perdre de vue que les conditions seront moins douces après la guerre qu'avant. Il pourrait ne pas retrouver une entrevue du Niémen. La France, une fois l'épée hors du fourreau, aura à honneur de délivrer la Lithuanie comme elle a délivré la Lombardie.

L'empereur Napoléon sait que si quelque chose peut

confondre les partis hostiles, c'est d'accomplir ce qu'aucun d'eux n'a su faire ; que ce qui serait le plus propre à consolider sa dynastie, c'est une guerre pour le relèvement de la Pologne, c'est la réparation de cette grande injustice séculaire ; ce qui lui attirerait, à lui et aux siens, la bénédiction de Dieu avec la durable reconnaissance des hommes.

L'Empereur, dans cette sainte cause, ne poursuit aucun but personnel, et il ne se réserve que la satisfaction d'un noble devoir accompli. « Pourvu qu'une grande Pologne fût reconstituée, peu m'importait, disait le grand Empereur, que ce fût un prince autrichien, prussien ou russe qui en occupât le trône. »

Les Russes se félicitent d'avoir gagné du temps et se flattent de nous voir, par la saison, bientôt réduits à l'impuissance. Qu'ils veuillent bien se rappeler, cependant, que c'est le 20 septembre que nous avons vaincu à l'Alma, que c'est le 14 octobre que nous avons vaincu à Iéna. « Le prince royal de Suède eût pu être à Pétersbourg avant que je ne fusse à Moscou, » disait Napoléon.

Mais pourquoi tant parler de guerre, lorsqu'il y a encore de si nombreux motifs de ne point désespérer de la paix ? Seulement, que l'on veuille bien, à Saint-Pétersbourg, ne pas méconnaître le caractère de l'empereur Napoléon, et comprendre qu'il y a des choses qu'il ne peut tolérer qui lui soient dites, et d'autres qu'il ne peut laisser faire.

Si l'empereur Alexandre est animé du même esprit de modération dont s'inspire notre gouvernement, rien de plus simple que de déclarer un armistice et de cesser ces préparatifs militaires qui sont comme une menace de guerre et, par conséquent, une inquiétude pour l'Europe.

Mais si, par un motif difficile à comprendre, Sa Majesté l'empereur de Russie opposait un nouveau refus aux demandes si mesurées des puissances, alors nous serions obligés, une fois de plus, de laisser au sort des armes et aux hasards de la guerre, ce qui pourrait être décidé aujourd'hui par la raison et par la justice.

27 Juillet 1863.

FIN.